Bienvenue dans le monde fascinant des Jeux Olympiques ! "Les 50 légendes des Jeux Olympiques et leur histoire" vous invite à plonger dans l'univers extraordinaire de cet événement planétaire. Ce livre captivant vous emmène à la rencontre de 50 athlètes légendaires, dont les exploits ont marqué l'histoire olympique. Des pionniers inspirants aux champions modernes, chaque chapitre dévoile l'histoire incroyable d'un athlète qui a repoussé les limites du possible, éblouissant les foules et devenant une icône du sport mondial.

Que vous soyez un amateur de sport, un passionné d'histoire ou un curieux avide de découvertes, "Les 50 légendes des Jeux Olympiques et leur histoire" est un voyage inoubliable à travers le temps et l'émotion. Préparez-vous à être inspiré par le dépassement de soi, la camaraderie internationale et l'esprit olympique qui transcendent les frontières et rassemblent le monde entier. Bienvenue dans ce voyage inoubliable au cœur des plus grandes légendes des Jeux Olympiques !

SOMMAIRE

#1- USAIN BOLT
#2- JESSE OWENS
#3- CARL LEWIS
#4- MICHAEL PHELPS
#5- NADIA COMĂNECI
#6- SIMONE BILES
#7- EMIL ZÁTOPEK
#8- PAAVO NURMI
#9- ABEBE BIKILA
#10- ALAIN MIMOUN
#11- LARISA LATYNINA
#12- MICHAEL JOHNSON
#13- WILMA RUDOLPH
#14- MARK SPITZ
#15- CATHY FREEMAN
#16- JACKIE JOYNER-KERSEE
#17- SERGEY BUBKA
#18- STEVE REDGRAVE
#19- CARL SCHUHMANN
#20- FANNY BLANKERS-KOEN
#21- TEÓFILO STEVENSON
#22- ÉRIC HEIDEN
#23- BIRGIT FISCHER
#24- EMILIE LEPENNEC
#25- JEAN-CLAUDE KILLY

SOMMAIRE

#26- VITALY SCHERBO
#27- VALENTINA VEZZALI
#28- GEORGE EYSER
#29- YELENA ISINBAYEVA
#30- ÉDITH PELLETIER
#31- KATARINA WITT
#32- GREG LOUGANIS
#33- NADIA PETROVA
#34- MARIT BJØRGEN
#35- YUSRA MARDINI
#36- HICHAM EL GUERROUJ
#37- SAORI YOSHIDA
#38- SIMONE MANUEL
#39- HAILE GEBRSELASSIE
#40- SERGEY BUBKA
#41- TONYA HARDING
#42- DARA TORRES
#43- KIM YUNA
#44- USCHI DISL
#45- LARISSA LATYNINA
#46- EDWIN MOSES
#47- EMILIE ANDÉOL
#48- RAPHAËL POIRÉE
#49- PERNILLA WIBERG
#50- CHEN YIBING

#1

USAIN BOLT, "LIGHTNING BOLT"

NÉ LE 21 AOÛT 1986 À SHERWOOD CONTENT, EN JAMAÏQUE.

Usain Bolt est considéré comme l'un des plus grands sprinters de tous les temps. Il a remporté un total de 8 médailles d'or olympiques au cours de sa carrière, aux Jeux olympiques de 2008, 2012 et 2016. A chaque fois médaillé d'or aux 100 mètres, 200 mètres et 4x100 mètres et battant les records du monde.

LE SPRINTEUR LE PLUS RAPIDE DU MONDE

Usain Bolt avec ses records du monde au 100 mètres (9,58 secondes) et au 200 mètres (19,19 secondes), il est reconnu comme le sprinteur le plus rapide de tous les temps. Bolt était capable de maintenir sa performance à un niveau supérieur, faisant preuve d'une foulée allongée unique. Il a redéfini les limites de la vitesse et a laissé une empreinte indélébile dans l'histoire de l'athlétisme.

Lors des Jeux olympiques de 2008 à Pékin, Usain Bolt a réalisé une performance époustouflante lors de la finale du 100 mètres. Alors qu'il franchissait la ligne d'arrivée en battant son propre record du monde, il a commencé à célébrer sa victoire avant même d'avoir atteint la fin de la piste. Bolt a étendu les bras en croix, a pointé vers le ciel et a ralenti pour savourer sa victoire. Malgré cela, il a tout de même établi un nouveau record du monde en 9,69 secondes. Cette scène de célébration précoce est devenue emblématique de l'assurance et du charisme de Bolt, ainsi que de son incroyable facilité à dominer la compétition.

Pour un show TV, Usain Bolt a défié Richard Hammond à une course de 40 mètres, lui laissant une avance de 20 mètres. Bolt l'a rattrapé et dépassé facilement.

#2

JESSE OWENS, "THE BUCKEYE BULLET"

NÉ LE 12 SEPTEMBRE 1913 À OAKVILLE, EN ALABAMA, ÉTATS-UNIS.

Jesse Owens aux Jeux olympiques de 1936 à Berlin, a remporté quatre médailles d'or. Owens a dominé les épreuves d'athlétisme, notamment le 100 mètres, 200 mètres, saut en longueur et relais 4x100 mètres. Ses performances extraordinaires ont marqué un tournant historique, en défiant les idéologies nazies.

L'HOMME QUI A BRISÉ LES BARRIÈRES RACIALES AUX JEUX DE BERLIN

Jesse Owens est célèbre pour ses exploits aux Jeux olympiques de 1936 à Berlin, où il a défié les idéologies nazies et brisé les barrières raciales. Owens démontra que l'excellence sportive n'était pas déterminée par la couleur de peau, mais par le talent et le travail acharné. Son courage et sa détermination ont fait de lui une figure emblématique de l'égalité et de la lutte contre la discrimination raciale, laissant un héritage durable dans l'histoire des Jeux olympiques.

Lors des Jeux olympiques de 1936, Jesse Owens s'est retrouvé face à l'idéologie nazie d'Adolf Hitler, qui considérait les Noirs comme inférieurs. Malgré la pression et les intimidations, Owens a réussi à se concentrer sur ses performances. Lors de la finale du saut en longueur, son principal rival, le sauteur allemand Lutz Long, lui a donné un conseil technique qui l'a aidé à se qualifier. Owens a finalement remporté la médaille d'or, et Long a été le premier à le féliciter et à le porter en triomphe devant le public allemand. Cette camaraderie entre les deux athlètes, qui ont bravé les préjugés et l'hostilité ambiante, a montré la véritable essence de l'esprit olympique et est restée gravée dans les mémoires.

Jesse Owens a établi trois records du monde et égalé un quatrième en l'espace de 45 minutes, lors de la Big Ten Conference en 1935.

#3

CARL LEWIS, "THE PRINCE OF JUMPS"

NÉ LE 1ER JUILLET 1961 À BIRMINGHAM, ALABAMA, ÉTATS-UNIS.

Carl Lewis a remporté un total de neuf médailles d'or olympiques. Aux JO de 1984 à Los Angeles, il a remporté quatre médailles d'or. En 1988 à Séoul, il a ajouté deux médailles d'or à son palmarès. Aux JO de 1992 à Barcelone, une médaille d'or supplémentaire. Enfin, lors des JO de 1996 à Atlanta, Lewis a terminé sa carrière olympique en beauté en remportant deux médailles d'or.

LE LÉGENDAIRE SAUTEUR AUX NEUF MÉDAILLES D'OR OLYMPIQUES

Carl Lewis avec ses neuf médailles d'or olympiques, il est l'un des athlètes les plus titrés de l'histoire des Jeux. Non seulement il était un sprinteur rapide, mais il était également un sauteur en longueur exceptionnel. Sa combinaison de vitesse, de puissance et de technique lui a permis de dominer les compétitions et de marquer l'histoire de l'athlétisme.

Lors des sélections américaines pour les Jeux olympiques de 1996 à Atlanta, Carl Lewis s'est retrouvé à égalité avec son rival, Mike Powell, lors de la finale du saut en longueur. Au dernier essai, Lewis a réussi un saut spectaculaire de 8,62 mètres, établissant un nouveau record olympique et remportant ainsi la médaille d'or. Ce qui rend cette histoire insolite, c'est que Lewis avait annoncé avant la compétition qu'il prendrait sa retraite après ces Jeux. Sa performance exceptionnelle et sa victoire ont été un adieu parfait à sa carrière olympique, laissant une empreinte indélébile dans l'histoire.

Carl Lewis a commencé sa carrière en tant que coureur de relais avant de se concentrer sur le saut en longueur.

#4

MICHAEL PHELPS, "THE FLYING FISH"

NÉ LE 30 JUIN 1985 À BALTIMORE, MARYLAND, ÉTATS-UNIS.

Michael Phelps est l'un des nageurs les plus titrés de l'histoire des Jeux olympiques. Au cours de sa carrière, il a remporté un incroyable total de 23 médailles d'or olympiques, soit le record absolu. Aux JO d'Athènes en 2004, Phelps a remporté six médailles d'or, établissant un nouveau record pour le plus grand nombre de médailles d'or remportées lors d'une édition des JO.

LE ROI DE L'EAU ET LE PLUS GRAND CHAMPION OLYMPIQUE DE TOUS LES TEMPS

Michael Phelps est célèbre pour ses réalisations extraordinaires en natation et pour être le détenteur du record du plus grand nombre de médailles d'or olympiques et sa domination dans une variété d'épreuves de natation, y compris les courses de papillon, de dos et de relais.. Sa détermination, sa discipline et sa capacité à maintenir une performance exceptionnelle pendant une période prolongée ont fait de lui une légende vivante des Jeux olympiques.

Lors des Jeux olympiques de 2008 à Pékin, lors de la finale du 200 mètres papillon, Phelps s'est retrouvé dans une situation délicate. Alors qu'il était en train de nager, une des lanières de son maillot s'est rompue, menaçant de glisser et de le distraire de sa course. Malgré cela, Phelps a maintenu son sang-froid et a réussi à terminer la course en battant le record du monde et en remportant la médaille d'or. Son talent et sa concentration inébranlable ont été mis à l'épreuve, et il a prouvé sa capacité à surmonter les obstacles pour atteindre l'excellence.

Dans sa jeunesse, Michael Phelps avait une peur irrationnelle des poissons.

#5

NADIA COMĂNECI, "NADIA LA MERVEILLE"

NÉE LE 12 NOVEMBRE 1961 À ONEȘTI, ROUMANIE.

À l'âge de 14 ans, elle a réalisé une performance incroyable en obtenant le premier score parfait de 10.0 de l'histoire de la gymnastique olympique. Elle a remporté un total de cinq médailles olympiques lors de cette édition, dont trois médailles d'or.

LA PERFECTION INCARNÉE ET LE SOURIRE D'OR DES JEUX

Comăneci a continué à briller aux championnats du monde de gymnastique, remportant neuf médailles d'or au total. Elle est devenue une icône mondiale de la gymnastique et a inspiré de nombreuses générations de jeunes athlètes par sa grâce, sa technique impeccable et sa perfection sur les agrès.

Lorsque Nadia Comăneci a obtenu son premier 10 parfait aux Jeux olympiques de Montréal en 1976, les panneaux d'affichage n'étaient pas préparés à afficher un tel score. Au lieu d'un 10.0, le tableau a affiché un 1.00, créant une confusion momentanée dans l'arène. Cependant, cela n'a pas empêché le public de reconnaître l'exploit extraordinaire de Nadia et d'applaudir à tout rompre, donnant naissance à une légende olympique.

Elle a appris qu'elle avait été déclarée cliniquement morte pendant quelques minutes après avoir donné naissance à son fils.

#6

SIMONE BILES, "THE GOAT"

NÉE LE 14 MARS 1997 À COLUMBUS, OHIO, ÉTATS-UNIS.

Simone Biles a remporté un total impressionnant de 19 médailles olympiques, dont 15 médailles d'or. Aux JO de 2016 à Rio de Janeiro, elle a dominé la compétition en remportant quatre médailles d'or et une médaille de bronze.

LA REINE INCONTESTÉE DE LA GYMNASTIQUE ET MAÎTRE DE L'INNOVATION

Son incroyable capacité à repousser les limites de ce sport, combinée à sa précision, sa puissance et sa créativité, font d'elle une figure emblématique de la gymnastique moderne. Son courage et son plaidoyer en faveur de la santé mentale ont également contribué à sa renommée mondiale, faisant d'elle un modèle inspirant pour de nombreux jeunes athlètes.

Lors des Championnats du monde de gymnastique en 2019, Simone Biles a tenté un mouvement jamais réalisé auparavant, qu'elle a appelé "The Biles". Il s'agissait d'un triple double sur le sol, ce qui signifie trois rotations complètes associées à deux flips. Non seulement elle l'a réussi avec brio, mais elle a également été la première femme à exécuter ce mouvement de manière compétitive. Cette prouesse a une fois de plus démontré la capacité unique de Biles à repousser les limites de la gymnastique et à innover dans son sport.

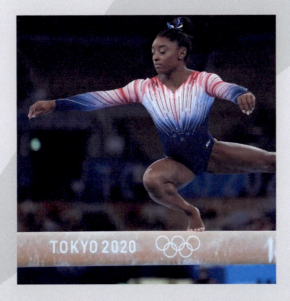

Simone Biles a un talent caché pour la jonglerie et peut jongler avec plusieurs balles à la fois avec une grande dextérité.

#7

EMIL ZÁTOPEK

NÉ LE 19 SEPTEMBRE 1922 À KOPŘIVNICE, EN TCHÉCOSLOVAQUIE

Emil Zátopek a remporté un total de quatre médailles d'or olympiques. Aux Jeux olympiques de 1948 à Londres, il a remporté la médaille d'or au 10 000 mètres. Lors des Jeux olympiques de 1952 à Helsinki, il a réalisé un exploit incroyable en remportant trois médailles d'or dans les épreuves du 5 000 mètres, du 10 000 mètres et du marathon.

L'HOMME AUX POUMONS EN ACIER ET LA MACHINE INÉPUISABLE DE LA COURSE

Emil Zátopek est célèbre pour sa capacité extraordinaire à endurer des entraînements et des courses exténuants. Sa détermination sans faille et sa volonté inébranlable l'ont propulsé au sommet de l'athlétisme. Son style de course unique et sa mentalité tenace ont fait de lui une légende du sport.

Lors des Jeux olympiques de 1952 à Helsinki, Emil Zátopek a décidé de participer au marathon, une épreuve qu'il n'avait jamais courue auparavant. Malgré son manque d'expérience dans la distance, il a pris la tête de la course et a continué à courir à un rythme effréné. Lorsqu'il a franchi la ligne d'arrivée, il était tellement épuisé qu'il s'est effondré dans les bras des médecins. Cependant, il a été rapidement réconforté en apprenant qu'il avait non seulement remporté la médaille d'or, mais qu'il avait également battu le record olympique.

Emil Zátopek avait l'habitude de s'entraîner avec des chaussures trouées, par soucis d'économie.

#8

PAAVO NURMI, "LE FINLANDAIS VOLANT"

NÉ LE 13 JUIN 1897 À TURKU, EN FINLANDE.

Paavo Nurmi a remporté un total de neuf médailles d'or olympiques et trois médailles d'argent aux Jeux olympiques. Aux Jeux de 1920 à Anvers, il a remporté trois médailles d'or, suivies de cinq médailles d'or aux Jeux de 1924 à Paris et une médaille d'or aux Jeux de 1928 à Amsterdam.

LE FINLANDAIS VOLANT QUI A REDÉFINI LA COURSE DE FOND

Paavo Nurmi est célèbre pour sa domination sans précédent dans les courses de fond et de demi-fond. Sa capacité à maintenir un rythme constant et à sprinter à la fin des courses lui a permis de remporter de multiples médailles d'or olympiques et de battre de nombreux records. Sa technique de course et sa détermination féroce ont fait de lui une icône de l'athlétisme mondial.

Lors des Jeux olympiques de 1924 à Paris, Paavo Nurmi s'est retrouvé face à son grand rival, l'athlète français Jules Ladoumègue, dans une course de 1500 mètres. À l'approche de la ligne d'arrivée, Nurmi a fait un geste de défi en levant les bras en l'air pour célébrer sa victoire imminente. Cependant, Ladoumègue a profité de ce moment de relâchement pour lancer un dernier sprint et dépasser Nurmi juste avant la ligne d'arrivée, remportant ainsi la médaille d'or. Cette expérience a enseigné à Nurmi l'importance de rester concentré jusqu'à la fin de la course, même lorsque la victoire semble assurée.

Paavo Nurmi était connu pour sa passion pour les chiffres et les statistiques. Il enregistrait méticuleusement tous ses entraînements et compétitions, notant les distances parcourues, les temps réalisés et les détails de chaque course.

#9

ABEBE BIKILA, "LE GUERRIER DES PLAINES"

NÉ LE 7 AOÛT 1932 À JATO, EN ÉTHIOPIE.

Abebe Bikila est célèbre pour sa performance légendaire aux Jeux olympiques de 1960 à Rome, où il a remporté la médaille d'or dans l'épreuve du marathon. Quatre ans plus tard, aux Jeux olympiques de 1964 à Tokyo, il a répété son exploit et a remporté une deuxième médaille d'or olympique dans le marathon.

LE GUERRIER DES PLAINES QUI A CONQUIS ROME PIEDS NUS

Abebe Bikila est célèbre pour sa victoire extraordinaire aux Jeux olympiques de 1960 à Rome, où il a remporté la médaille d'or en courant le marathon sans chaussures. Cette audace et cette détermination ont marqué l'histoire de l'athlétisme et ont fait de lui une légende dans le monde sportif.

Lors des Jeux olympiques de 1960 à Rome, Abebe Bikila, alors âgé de 28 ans, s'est présenté sur la ligne de départ du marathon sans chaussures. Ayant découvert que les chaussures qui lui avaient été fournies n'étaient pas confortables, il a pris la décision de courir pieds nus. Malgré les doutes et les critiques, Bikila a parcouru les 42,195 kilomètres de la course avec une aisance incroyable, dépassant ses concurrents un par un. Il a franchi la ligne d'arrivée en première position, devenant ainsi le premier Africain noir à remporter une médaille d'or olympique. Sa performance inoubliable a inspiré des générations d'athlètes et a laissé une empreinte indélébile dans l'histoire des Jeux olympiques.

Abebe Bikila a participé au marathon de Tokyo en 1964 avec des chaussures, mais il a choisi de porter des chaussures différentes pour chaque pied afin de compenser une blessure au pied droit.

#10

ALAIN MIMOUN, "LE BRAVE MIMOUN"

1ER CHOIX DE LA DRAFT EN 1992 PAR LE MAGIC D'ORLANDO

Alain Mimoun a remporté la médaille d'or olympique dans le marathon aux Jeux olympiques de Melbourne en 1956. En plus de cette victoire emblématique, Mimoun a également remporté de nombreuses médailles d'argent et de bronze lors de compétitions internationales, notamment aux Jeux olympiques et aux Championnats d'Europe.

LE BRAVE MARATHONIEN QUI A CONQUIS MELBOURNE

Alain Mimoun est célèbre pour sa victoire mémorable dans le marathon des Jeux olympiques de Melbourne en 1956. Sa détermination inébranlable et sa performance exceptionnelle ont marqué l'histoire du sport français et ont fait de lui une icône de la course de fond. Il est considéré comme l'un des plus grands coureurs de fond français de tous les temps et son palmarès témoigne de sa constance et de sa longévité dans le sport.

Lors du marathon des Jeux olympiques de Melbourne en 1956, Alain Mimoun a couru avec une chaussure trouée. À mi-course, il a accidentellement piétiné le pied d'un autre coureur, endommageant ainsi sa chaussure. Plutôt que de s'arrêter pour la réparer, Mimoun a décidé de continuer à courir avec sa chaussure déchirée. Malgré l'inconfort et les douleurs causées par cette situation, il a poursuivi sa course avec une incroyable détermination et a réussi à décrocher la médaille d'or, devenant ainsi le premier Français à remporter le marathon olympique.

Alain Mimoun a participé à cinq Jeux olympiques consécutifs, de 1948 à 1968, faisant preuve d'une remarquable longévité

#11

LARISA LATYNINA, "LA REINE DE LA GYMNASTIQUE"

NÉE LE 27 DÉCEMBRE 1934 À KHERSON, EN UKRAINE.

Larisa Latynina a remporté un impressionnant total de 18 médailles olympiques, dont neuf médailles d'or, cinq médailles d'argent et quatre médailles de bronze. Ses performances exceptionnelles se sont déroulées sur trois éditions des Jeux olympiques, en 1956, 1960 et 1964.

LA REINE DE LA GYMNASTIQUE QUI A ILLUMINÉ LES JEUX OLYMPIQUES

Larisa Latynina est célèbre pour son extraordinaire carrière dans la gymnastique artistique. Son palmarès impressionnant et son impact durable sur le sport en font une figure emblématique des Jeux olympiques. Sa technique impeccable, son charisme sur le tapis et son leadership exceptionnel ont fait d'elle une icône de la gymnastique, inspirant des générations de gymnastes à venir.

Lors des Jeux olympiques de 1964 à Tokyo, Larisa Latynina était enceinte de trois mois lorsqu'elle a remporté sa dernière médaille olympique. Malgré les difficultés et les préjugés liés à sa grossesse, elle a continué à concourir avec grâce et détermination, démontrant sa force mentale et sa passion pour la gymnastique. Cet exploit courageux a marqué les esprits et est devenu une source d'inspiration pour de nombreuses femmes athlètes.

Larisa Latynina, après avoir remporté une médaille d'or aux Jeux olympiques, aurait déclaré : "Maintenant, je peux enfin manger une barre de chocolat !"

#12

MICHAEL JOHNSON, "THE MAN WITH THE GOLDEN SHOES"

NÉ LE 13 SEPTEMBRE 1967 À DALLAS, AU TEXAS, AUX ÉTATS-UNIS.

Michael Johnson a remporté un total de quatre médailles d'or olympiques au cours de sa carrière. Aux JO de 1992 à Barcelone, il a triomphé au 4x400 mètres. Aux JO de 1996 à Atlanta, il a réalisé l'exploit de remporter la médaille d'or à la fois au 200 mètres et au 400 mètres, devenant ainsi le premier athlète à réaliser cette double victoire.

MICHAEL JOHNSON : L'HOMME AUX CHAUSSURES D'OR QUI A RÉVOLUTIONNÉ LE SPRINT

Michael Johnson est célèbre pour sa technique de course unique, caractérisée par une foulée longue et puissante. Sa spécificité réside dans sa domination des épreuves de sprint, ainsi que dans sa capacité à maintenir un rythme élevé sur la distance du 400 mètres.

Lors des Jeux olympiques de 1996 à Atlanta, Michael Johnson a couru le 200 mètres avec une chevelure dorée pour correspondre à sa réputation de "l'homme aux chaussures d'or". Sa performance exceptionnelle et sa coiffure remarquable ont marqué les esprits des spectateurs et ont ajouté une touche d'amusement et de style à sa victoire.

Lors d'une compétition, Michael Johnson a enfilé accidentellement ses chaussures de sport à l'envers, mais il a quand même réussi à remporter la course

#13

WILMA RUDOLPH, "LA GAZELLE NOIRE"

NÉE LE 23 JUIN 1940 À CLARKSVILLE, TENNESSEE, AUX ÉTATS-UNIS.

Wilma Rudolph est devenue célèbre en remportant trois médailles d'or aux JO d'été de 1960 à Rome. Elle a triomphé dans les épreuves d'athlétisme, remportant le 100 mètres, le 200 mètres et faisant partie de l'équipe victorieuse du relais 4x100 mètres. Sa domination et sa rapidité exceptionnelle lui ont valu une place dans l'histoire des Jeux olympiques.

WILMA RUDOLPH, LA REINE DE LA VITESSE ET DE LA PERSÉVÉRANCE

Wilma Rudolph est célèbre pour sa détermination et son talent exceptionnel qui lui ont permis de surmonter de nombreux obstacles, notamment sa lutte contre la poliomyélite dans son enfance. Son parcours inspirant et sa performance remarquable aux Jeux olympiques de 1960 font d'elle une icône du sport et un symbole de persévérance.

Lors des Jeux olympiques de 1960, Wilma Rudolph a oublié ses chaussures de sport avant la finale du 100 mètres. Elle a alors emprunté une paire de chaussures à l'une de ses coéquipières et a remporté la médaille d'or malgré cette situation inattendue. Sa détermination et son adaptabilité ont impressionné le monde entier.

Wilma Rudolph a gagné trois courses de haut niveau en une seule journée !

#14

MARK SPITZ, "THE MARK OF EXCELLENCE"

NÉ LE 10 FÉVRIER 1950 À MODESTO, CALIFORNIE.

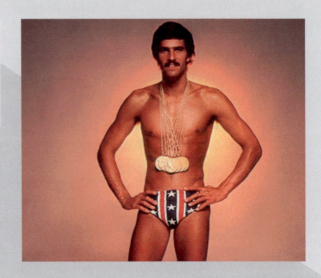

Mark Spitz est un nageur légendaire qui a marqué l'histoire des Jeux olympiques. Il a remporté un total de 9 médailles d'or olympiques lors des Jeux de Munich en 1972. Spitz a dominé les épreuves de natation en remportant les médailles d'or dans les disciplines du papillon, du crawl et des relais.

LE TRIOMPHE DE MARK SPITZ : 7 RECORDS MONDIAUX, 7 MÉDAILLES D'OR.

Cet athlète est célèbre pour sa domination sans précédent dans les Jeux de Munich. Sa spécificité réside dans le fait qu'il a établi un record mondial dans chaque épreuve individuelle qu'il a disputée.

Avant les Jeux olympiques de Munich, il avait prédit qu'il remporterait 6 médailles d'or. Finalement, il a non seulement remporté 7 médailles d'or, mais il a également établi des records mondiaux dans chacune de ses épreuves, surpassant même ses propres attentes.

Lors d'une compétition de natation, Mark Spitz a fait une entrée remarquée en portant une combinaison de bain rose vif.

#15

CATHY FREEMAN, "LA GAZELLE ABORIGÈNE"

NÉE LE 16 FÉVRIER 1973 À MACKAY, EN AUSTRALIE.

Cathy Freeman a remporté plusieurs médailles d'or aux Jeux olympiques, notamment en 2000 à Sydney où elle est devenue une icône nationale. Elle a remporté la médaille d'or dans l'épreuve du 400 mètres, devenant ainsi la première femme aborigène à décrocher une médaille d'or olympique individuelle.

LA GAZELLE ABORIGÈNE QUI A ENFLAMMÉ LES JEUX OLYMPIQUES DE SYDNEY.

Sa spécificité réside dans son héritage aborigène, son engagement en faveur des droits des peuples autochtones et son talent incontestable en tant qu'athlète. Elle est devenue une source d'inspiration pour de nombreuses personnes, tant sur le plan sportif que sur le plan personnel.

Lors des Jeux olympiques de 2000 à Sydney, Cathy Freeman a eu l'honneur de porter la flamme olympique lors de la cérémonie d'ouverture. Vêtue d'une combinaison spéciale, elle a couru avec la flamme dans le stade olympique, symbolisant l'union entre les peuples et les cultures. Cette image puissante a marqué les esprits et est devenue emblématique de ces Jeux olympiques en Australie.

Cathy Freeman a perdu une de ses chaussures en pleine course mais a réussi à le remettre et à terminer la course avec succès.

#16

JACKIE JOYNER-KERSEE, "JACKIE"

NÉE LE 3 MARS 1962 À EAST ST. LOUIS, ILLINOIS, ÉTATS-UNIS.

Jackie Joyner-Kersee a remporté six médailles olympiques, dont trois en or. Aux JO de 1988 à Séoul, elle a remporté l'or au heptathlon et à la longueur, et a ajouté une médaille d'argent au relais 4x400 mètres. Elle a également remporté l'or au heptathlon lors des JO de 1992 à Barcelone et la médaille de bronze au heptathlon aux JO de 1996 à Atlanta.

JACKIE JOYNER-KERSEE : LA REINE DES ÉPREUVES COMBINÉES

Jackie Joyner-Kersee est célèbre pour son exceptionnel talent dans les épreuves combinées de l'athlétisme, en particulier le heptathlon. Sa spécificité réside dans sa polyvalence dans plusieurs disciplines athlétiques, alliant force, vitesse et agilité. Elle a repoussé les limites de l'athlétisme féminin en établissant des records et en remportant des médailles olympiques.

Lors des Jeux olympiques de 1992 à Barcelone, Jackie Joyner-Kersee a subi une blessure à la cuisse lors de l'épreuve du heptathlon. Malgré la douleur, elle a réussi à terminer la course du 800 mètres en boitant, aidée par son frère qui l'a soutenue jusqu'à la ligne d'arrivée. Cette détermination et ce courage ont été salués par le public et ont marqué les esprits de tous ceux qui ont assisté à cette scène mémorable.

Jackie Joyner-Kersee a été la première femme à franchir la barre des 7 000 points en heptathlon, établissant ainsi un record historique dans cette discipline.

#17

SERGEY BUBKA,
"LE TSAR DU SAUT À LA PERCHE"

NÉ LE 4 DÉCEMBRE 1963 À VOROCHILOVGRAD, EN UNION SOVIÉTIQUE

Sergey Bubka a remporté six titres mondiaux en plein air, ainsi que trois titres européens en plein air et quatre titres en salle. Son plus grand exploit est d'avoir battu le record du monde de la discipline à 35 reprises, établissant ainsi une domination sans précédent dans le saut à la perche.

SERGEY BUBKA : LE TSAR DU SAUT À LA PERCHE ET MAÎTRE DES RECORDS

Sa spécificité réside dans sa technique et sa maîtrise incroyable de la perche. Il a été le premier athlète à franchir la barre des 6 mètres en plein air, un exploit légendaire !

Son nom est synonyme d'excellence et de records. Son impact sur le saut à la perche a été immense, inspirant de nombreux athlètes à repousser leurs propres limites.

Lors d'une compétition, Sergey Bubka est tombé sur la piste et a accidentellement cassé sa perche. Sans se laisser démonter, il a emprunté la perche d'un autre athlète, qui était plus courte que celle qu'il avait l'habitude d'utiliser. Malgré cela, il a réussi à franchir la barre avec succès, démontrant sa grande adaptabilité et son talent exceptionnel.

Sergey Bubka décida de tester une nouvelle technique de saut. Alors qu'il s'apprêtait à franchir la barre, il sauta si haut qu'il se retrouva coincé dans les câbles de l'éclairage du stade.

#18

STEVE REDGRAVE, "LE RAMEUR GÉANT"

NÉ LE 23 MARS 1962 À MARLOW, ROYAUME-UNI.

Steve Redgrave a remporté un total de cinq médailles d'or olympiques consécutives aux JO d'été, devenant ainsi l'un des rameurs les plus titrés de l'histoire. Sa domination dans l'épreuve du deux de couple et du quatre de couple a été inégalée pendant près de deux décennies, de 1984 à 2000. Redgrave a également remporté neuf titres mondiaux.

STEVE REDGRAVE, LA LÉGENDE BRITANNIQUE DE L'AVIRON

Steve Redgrave est célèbre pour sa longévité exceptionnelle dans le monde de l'aviron et ses cinq médailles d'or olympiques consécutives. Il incarne la persévérance, la détermination et l'excellence, établissant un record impressionnant de performances sur plusieurs décennies.

Au cours de sa carrière, Steve Redgrave a surmonté de nombreux obstacles physiques, y compris son asthme. Malgré cette condition, il a persévéré et s'est entraîné avec acharnement pour atteindre l'excellence. Lors d'une interview, Redgrave a déclaré avec humour : "Mon asthme est mon plus grand adversaire, mais je l'ai tellement battu que maintenant il rame pour moi."

Lors d'une course mémorable, Steve Redgrave a perdu sa pelle de rame en plein milieu de l'épreuve. Cependant, au lieu de s'arrêter, il a continué à ramer avec une seule pelle

#19

CARL SCHUHMANN, "LE GÉANT ALLEMAND"

NÉ LE 12 MAI 1869 À BERLIN, EN ALLEMAGNE.

Aux Jeux olympiques de 1896 à Athènes, Carl Schuhmann a remporté un total de quatre médailles d'or dans des épreuves variées. Il a triomphé en gymnastique, en remportant l'épreuve du cheval d'arçons, en lutte gréco-romaine dans la catégorie poids lourds, et en haltérophilie, en s'imposant dans les épreuves de l'haltère à deux mains et de l'haltère à une main.

CARL SCHUHMANN, LA POLYVALENCE LÉGENDAIRE DES JEUX OLYMPIQUES

Carl Schuhmann est célèbre pour sa maîtrise exceptionnelle de multiples disciplines, faisant de lui le "Géant Allemand" des Jeux olympiques.

Cette polyvalence dans des disciplines aussi différentes est ce qui fait de Carl Schuhmann une figure emblématique des Jeux olympiques.

Lors des Jeux olympiques de 1896, Carl Schuhmann aurait participé à l'épreuve de saut en hauteur sans avoir jamais pratiqué cette discipline auparavant. Malgré cela, il a réussi à remporter la médaille d'argent, réalisant un saut de 1,65 mètre. Son talent naturel et sa capacité d'adaptation lui ont permis de briller même dans des épreuves inconnues.

Carl Schuhmann aurait été surnommé "Le Géant Allemand" en raison de sa stature imposante et de sa capacité à exceller dans plusieurs sports.

FANNY BLANKERS-KOEN, "THE FLYING HOUSEWIFE"

NÉE LE 26 AVRIL 1918 À BAARN, AUX PAYS-BAS.

Fanny Blankers-Koen est l'une des athlètes les plus célèbres de tous les temps. Aux Jeux olympiques de 1948 à Londres, elle a remporté un total de quatre médailles d'or, marquant ainsi l'histoire de l'athlétisme féminin. Elle a brillé dans les épreuves d'athlétisme, notamment le 100 mètres, le 200 mètres, le 80 mètres haies et le relais 4x100 mètres.

LA FEMME VOLANTE QUI A RÉVOLUTIONNÉ L'ATHLÉTISME FÉMININ AUX JO DE 1948

Fanny Blankers-Koen est célèbre pour avoir bouleversé les conventions de son époque en dominant les JO de 1948. En tant que mère de famille, elle a défié les attentes sociales en continuant à s'entraîner et à concourir à un haut niveau. Sa polyvalence exceptionnelle et sa détermination ont fait d'elle une pionnière dans le sport féminin, ouvrant la voie à de nombreuses générations d'athlètes.

En 1948, lors des Jeux olympiques de Londres, Fanny Blankers-Koen a été surnommée "The Flying Housewife" (La Femme Volante) par la presse britannique. À l'époque, elle était une mère de famille de 30 ans et sa participation aux Jeux olympiques suscitait l'admiration et l'étonnement. Malgré les critiques et les doutes sur sa capacité à performer, elle a prouvé à tous qu'elle était une athlète d'exception en remportant quatre médailles d'or et en battant plusieurs records mondiaux. Son surnom est devenu emblématique de sa carrière et de son courage.

Fanny Blankers-Koen aurait dû participer à l'épreuve de saut en hauteur. Cependant, après une longue journée d'épreuves, elle était tellement fatiguée qu'elle est rentrée à l'hôtel sans se rendre compte qu'elle avait oublié de se présenter pour la compétition.

#21

TEÓFILO STEVENSON, "EL CICLÓN DE MANAGUA"

NÉ LE 29 MARS 1952 À PUERTO PADRE, CUBA.

Teófilo Stevenson a remporté trois médailles d'or consécutives dans la catégorie des poids lourds aux Jeux olympiques de 1972, 1976 et 1980. Stevenson est considéré comme l'un des plus grands boxeurs amateurs de tous les temps, et sa domination dans sa catégorie de poids lui a valu une renommée mondiale.

LE ROI DES POIDS LOURDS OLYMPIQUES, UN HÉROS CUBAIN DE LA BOXE

Ce qui fait sa spécificité, c'est sa fierté nationale et son refus de passer professionnel malgré les offres lucratives qui lui étaient faites. Stevenson a choisi de rester fidèle à Cuba et de défendre les couleurs de son pays, devenant un symbole de l'excellence sportive et du patriotisme.

Pendant sa carrière, Teófilo Stevenson a reçu plusieurs offres pour passer professionnel et affronter des adversaires renommés, mais il a toujours refusé. L'une des offres les plus célèbres qu'il a déclinées était celle de combattre contre le légendaire boxeur Muhammad Ali. Stevenson a déclaré : "Pourquoi devrais-je aller aux États-Unis pour gagner des millions et vivre dans un quartier noir, alors que je suis déjà un millionnaire ici à Cuba et que je vis dans mon quartier natal ?" Cette décision de privilégier sa fierté nationale et son amour pour Cuba a renforcé son statut emblématique dans le monde de la boxe.

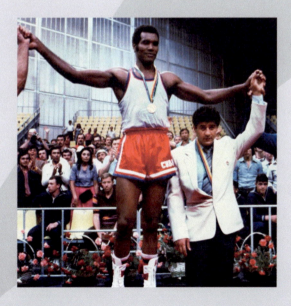

Stevenson a remporté la médaille d'or olympique dans la catégorie des poids lourds trois fois de suite, ce qui fait de lui le seul boxeur à réaliser cet exploit dans cette catégorie de poids aux Jeux olympiques.

#22

ERIC HEIDEN

NÉ LE 14 JUIN 1958 À MADISON, DANS LE WISCONSIN.

Éric Heiden a remporté de nombreux titres et établi de nombreux records, notamment aux JO d'hiver de 1980 à Lake Placid. Il est connu pour avoir dominé la compétition en remportant cinq médailles d'or dans cinq épreuves différentes de patinage de vitesse, du 500 mètres au 10 000 mètres.

L'HOMME AUX CINQ MÉDAILLES D'OR OLYMPIQUES DANS UN STYLE MAGISTRAL

Sa domination totale dans toutes les distances de patinage de vitesse, du sprint au longue distance, et sa capacité à remporter cinq médailles d'or en une seule édition des Jeux en font une légende du sport. Son style de patinage puissant, sa technique impeccable et son dévouement à l'entraînement lui ont permis d'établir des records impressionnants et de marquer l'histoire du patinage de vitesse.

Durant les Jeux olympiques de 1980, Éric Heiden était considéré comme le grand favori pour remporter l'épreuve du 1500 mètres. Cependant, juste avant la course, il se rendit compte qu'il avait oublié ses lunettes de compétition dans le vestiaire. Plutôt que de paniquer, il se tourna vers un spectateur dans le public et lui demanda s'il pouvait emprunter ses lunettes de soleil. Le spectateur, surpris mais ravi, accepta de lui prêter ses lunettes. Heiden, sans aucune autre alternative, porta les lunettes de soleil pendant la course et parvint à remporter la médaille d'or, prouvant ainsi sa capacité à s'adapter dans des situations imprévues.

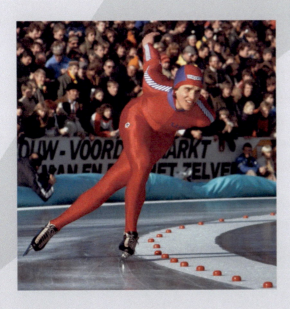

Lors d'une interview après sa victoire aux Jeux olympiques, Éric Heiden fut interrogé sur la clé de son succès. Avec un sourire malicieux, il répondit : "C'est simple, je patine plus vite que tout le monde !".

#23

BIRGIT FISCHER

NEE 25 FÉVRIER 1962 À BRANDEBOURG-SUR-LA-HAVEL, ALLEMAGNE DE L'EST

Birgit Fischer a remporté un total de 28 médailles olympiques au cours de sa carrière exceptionnelle, dont 8 médailles d'or, 4 médailles d'argent et 4 médailles de bronze. Elle a participé à six éditions des Jeux olympiques, de 1980 à 2004, et a remporté des médailles dans différentes catégories de kayak, tant en épreuves individuelles qu'en épreuves par équipe.

LA REINE DU CANOË-KAYAK : BIRGIT FISCHER, UNE LÉGENDE DE L'EAU

Birgit Fischer est célèbre pour sa longévité exceptionnelle dans le monde du canoë-kayak et pour ses impressionnants exploits olympiques. Elle est une légende de son sport, ayant remporté des médailles sur une période de plus de 24 ans, ce qui en fait l'une des athlètes les plus décorées de l'histoire olympique. Son palmarès témoigne de sa domination et de sa longévité dans le sport.

Pendant les Jeux olympiques de 1988 à Séoul, Birgit Fischer a fait face à un défi inhabituel lors de sa course de kayak. Alors qu'elle pagayait à pleine vitesse, un poisson est soudainement sauté hors de l'eau et a atterri directement dans son kayak. Sans se laisser distraire, elle a rapidement attrapé le poisson et l'a jeté par-dessus bord tout en continuant sa course. Cette anecdote insolite illustre la détermination et la concentration de Fischer, qui a su faire face à l'imprévu avec calme et persévérance.

Lors d'une compétition, Birgit Fischer a accidentellement oublié de mettre ses chaussures avant de monter dans son kayak. Elle a réussi à terminer la course pieds nus et a quand même remporté la médaille d'or. Sa réaction amusante a été : "Qui a besoin de chaussures quand on a un kayak ?".

#24

ÉMILIE LE PENNEC, LA FÉE DE SYDNEY

NEE 31 DÉCEMBRE 1987 À LA GARENNE-COLOMBES, FRANCE

Son palmarès comprend une médaille d'or historique remportée lors des JO de 2004 à Athènes. Elle est devenue la première gymnaste française de l'histoire à décrocher une médaille d'or olympique en gymnastique artistique individuelle. Sa performance exceptionnelle lors de la finale des barres asymétriques lui a valu une place dans l'histoire.

ÉMILIE LE PENNEC, LA GYMNASTE QUI A FAIT BRILLER LA FRANCE

Sa performance exceptionnelle lors de la finale des barres asymétriques lui a valu une place dans l'histoire du sport français. Elle a également remporté d'autres médailles lors de compétitions internationales, contribuant ainsi à la renommée de la gymnastique française.

Lors des Jeux olympiques de 2004 à Athènes, Émilie Le Pennec a vécu un moment d'incertitude avant sa performance aux barres asymétriques. Alors qu'elle s'apprêtait à commencer son enchaînement, elle a remarqué que l'un de ses élastiques de cheveux s'était cassé. Sans se laisser déstabiliser, elle a improvisé en utilisant un élastique de rechange qu'un membre de l'équipe lui a rapidement lancé depuis les tribunes. Elle a réussi à fixer ses cheveux en place et a réalisé une performance magnifique, remportant finalement la médaille d'or.

Lors d'un entraînement, Émilie Le Pennec a réalisé un saut tellement puissant qu'elle a fait voler sa chaussure en plein milieu de la réception !

#25

JEAN-CLAUDE KILLY, LE TSAR DE LA MONTAGNE

NE 30 AOÛT 1943 À SAINT-CLOUD, FRANCE

Jean-Claude Killy a remporté trois médailles d'or lors des JO d'hiver de 1968 à Grenoble, en France. Killy s'est illustré dans les épreuves de descente, de slalom géant et de slalom spécial, devenant ainsi le premier skieur à remporter les trois titres olympiques dans une même édition des Jeux.

JEAN-CLAUDE KILLY, LE SKIEUR FRANÇAIS LÉGENDAIRE AUX TROIS MÉDAILLES D'OR OLYMPIQUES

Jean-Claude Killy est célèbre pour sa domination sans précédent dans le ski alpin et pour avoir réalisé l'exploit de remporter les trois médailles d'or en ski alpin lors des Jeux olympiques de 1968.
Son palmarès comprend également des victoires en Coupe du monde et des titres de champion du monde.

Lors des Jeux olympiques de 1968, Jean-Claude Killy était en tête de la descente, l'épreuve la plus rapide et dangereuse du ski alpin. Cependant, à quelques portes de l'arrivée, il a failli chuter en heurtant violemment une porte. Dans un geste de pure réflexe, il a réussi à se rétablir, à conserver sa vitesse et à franchir la ligne d'arrivée, remportant ainsi la médaille d'or.

On raconte qu'une fois, lors d'une compétition, un radar a enregistré sa vitesse à plus de 100 km/h, ce qui était exceptionnel à l'époque.

#26

VITALY SCHERBO

NÉ LE 13 JANVIER 1972, BIÉLORUSSIE.

Vitaly Scherbo est surtout connu pour sa performance aux Jeux olympiques de 1992 à Barcelone, où il a remporté six médailles d'or en une seule compétition, établissant ainsi un record. Son palmarès comprend également de nombreuses autres médailles remportées lors de compétitions mondiales et continentales.

VITALY SCHERBO : L'ICÔNE INÉGALÉE DE LA GYMNASTIQUE ARTISTIQUE

Vitaly Scherbo est célèbre pour son talent exceptionnel en gymnastique et sa capacité à exécuter des mouvements complexes avec grâce et précision. Son style unique et ses performances inoubliables ont fait de lui une véritable icône de la gymnastique. Il est considéré comme l'un des meilleurs gymnastes de tous les temps.

Lors de la finale du concours général, Scherbo était en lice pour remporter une médaille d'or historique. Cependant, lors de son dernier agrès, les barres parallèles, il a commis une erreur lors de l'exécution de son mouvement. Son erreur aurait pu coûter cher et ruiner ses chances de victoire.

Mais ce qui a suivi est devenu légendaire. Au lieu de se laisser abattre par sa faute, Scherbo a montré une résilience et une détermination incroyables. Il a immédiatement repris ses esprits et enchaîné avec une série de mouvements exceptionnels, récupérant brillamment sa performance. Le public était en extase devant sa capacité à se ressaisir et à terminer son programme avec brio.

Lors d'une compétition, Vitaly Scherbo a une fois fait un salto arrière et atterri les pieds dans un seau d'eau !

#27

VALENTINA VEZZALI, "VALY"

NÉE LE 14 FÉVRIER 1974 À JESI, ITALIE

Valentina Vezzali a remporté un total de six médailles d'or olympiques, neuf médailles aux championnats du monde et quatorze médailles aux championnats d'Europe. Sa carrière a été exceptionnelle, notamment dans l'épreuve de l'épée féminine, où elle a dominé pendant plus d'une décennie.

VALENTINA VEZZALI : LA REINE DE L'ÉPÉE ET UNE FIGURE INSPIRANTE DE L'ESCRIME

Sa spécificité réside dans sa capacité exceptionnelle à manier l'épée avec grâce et précision, combinée à une stratégie brillante sur le terrain. Valentina Vezzali est une icône de l'escrime, admirée pour sa technique impeccable, sa détermination féroce et son charisme sur la piste. Elle est une source d'inspiration pour de nombreux escrimeurs.

Lors de la finale de l'épreuve individuelle d'épée, Vezzali s'est retrouvée face à une situation inhabituelle. Alors qu'elle affrontait la Chinoise Xiaojuan Luo, une abeille est venue perturber le match.
L'abeille a commencé à voler autour des deux escrimeuses, les distrayant et interrompant leur concentration. Cependant, au lieu de paniquer, Vezzali a gardé son calme et a réussi à faire preuve d'une incroyable maîtrise de soi. Elle a continué à se battre avec précision et assurance malgré la présence de l'insecte agaçant.

Lors d'une cérémonie de remise de médailles, Valentina Vezzali a accidentellement échangé son trophée avec celui du chef cuisinier du village olympique.

#28

GEORGE EYSER, "IRON-HANDED GYMNAST"

NÉ LE 31 AOÛT 1870 À KIEL, EN ALLEMAGNE

George Eyser a remporté six médailles aux Jeux olympiques de 1904 à St. Louis, dont trois médailles d'or, deux médailles d'argent et une médaille de bronze. Ce qui rend ses performances encore plus remarquables, c'est qu'Eyser avait une jambe en bois. Malgré cette difficulté, il a réussi à briller dans plusieurs épreuves de gymnastique.

L'HOMME AUX MAINS DE FER QUI A DÉFIANT L'ADVERSITÉ

George Eyser est célèbre pour sa détermination et son courage exceptionnels, ayant surmonté son handicap pour devenir un gymnaste de renommée mondiale. "L'homme aux mains de fer" a marqué l'histoire des Jeux olympiques en démontrant que la volonté et la passion peuvent triompher des obstacles les plus difficiles.

Lors des Jeux olympiques de 1904, George Eyser a accidentellement laissé tomber sa prothèse de jambe en bois lors d'une épreuve de gymnastique. Au lieu de se laisser distraire ou perturber, il a poursuivi sa routine avec grâce et a continué à impressionner les juges et le public. Son sang-froid et sa capacité à surmonter les imprévus font de lui une véritable source d'inspiration pour les générations futures

Dans sa jeunesse, George Eyser était tellement obsédé par ce sport qu'il a été surpris en train de faire des mouvements de gymnastique sur les branches des arbres de son jardin,

#29

YELENA ISINBAYEVA, "TSARINA"

NEE 3 JUIN 1982 À VOLGOGRAD, RUSSIE

Yelena Isinbayeva a remporté un total de deux médailles d'or olympiques et trois titres de championne du monde. Elle a établi de nombreux records du monde, dont le plus notable est son record de 5,06 mètres établi en 2009.

LA TSARINE DE LA PERCHE QUI A ATTEINT DE NOUVEAUX SOMMETS DANS L'ATHLÉTISME FÉMININ

Isinbayeva a dominé sa discipline pendant près d'une décennie, établissant de nouvelles normes de performance et repoussant les limites de ce qui était considéré comme possible dans le saut à la perche féminin. Son style de saut gracieux et puissant, combiné à sa détermination et à son ambition sans faille, ont fait d'elle une véritable icône de l'athlétisme.

elle a été la première femme à franchir la barre des 5 mètres dans le saut à la perche en compétition officielle. Lors du meeting Golden Gala de Rome en 2008, Isinbayeva a battu son propre record du monde en sautant 5,03 mètres, puis a décidé d'aller encore plus loin. Elle a demandé à faire monter la barre à 5,04 mètres, ce qui était un record inédit pour les femmes à l'époque. Sous les yeux ébahis du public et des autres athlètes, elle a réussi à franchir cette hauteur incroyable, établissant ainsi une nouvelle référence pour les futures générations de perchistes féminines.

Lors d'une cérémonie de remise de médailles, Yelena Isinbayeva a été tellement excitée qu'elle a accidentellement renversé son champagne sur la tête du président du comité olympique.

#30

TEDDY RINER, "LE GRIZZLY"

NÉ 7 AVRIL 1989 À POINTE-À-PITRE, GUADELOUPE

Teddy Riner a remporté de nombreuses médailles d'or aux Jeux Olympiques, aux Championnats du monde et aux Championnats d'Europe. Son palmarès impressionnant comprend dix titres mondiaux, deux médailles d'or olympiques et plusieurs victoires aux championnats continentaux.

LE GÉANT INVINCIBLE DU JUDO QUI A REDÉFINI LA CATÉGORIE DES POIDS LOURDS

Riner domine la catégorie des plus de 100 kg depuis plus d'une décennie, montrant une force, une agilité et une technique exceptionnelles sur les tatamis du monde entier. Son style de judo puissant et ses performances inégalées ont fait de lui une légende vivante du sport.

Lors d'un tournoi international, Teddy Riner a affronté un adversaire réputé pour sa force redoutable. Malgré une désavantage de poids et de taille, Riner a utilisé une technique de judo astucieuse pour projeter son adversaire avec une grande élégance et une parfaite maîtrise. Ce mouvement spectaculaire a été salué par les spectateurs et les experts, démontrant la finesse et la technique exceptionnelle de Riner, même face à des adversaires physiquement plus imposants.

Teddy Riner a un tatouage de l'emblème olympique sur son épaule gauche, symbole de son engagement envers les valeurs du sport et de son amour pour les Jeux Olympiques.

#31

KATARINA WITT, "L'ÉLÉGANCE SUR GLACE"

NÉE LE 3 DÉCEMBRE 1965 À BERLIN-STAAKENEN - RDA

Katarina Witt a remporté deux médailles d'or olympiques consécutives en 1984 et 1988, ainsi que quatre titres de championne du monde entre 1984 et 1988. Elle a également remporté six titres de championne d'Europe et de nombreux autres titres nationaux et internationaux.

L'ÉLÉGANCE SUR GLACE QUI A ENCHANTÉ LE MONDE

Katarina Witt surnommée "L'Élégance sur Glace", a su captiver le public du monde entier avec sa grâce et sa technique impeccable. Son style unique, combinant puissance, fluidité et expressivité, lui a valu de nombreuses victoires. En plus de ses performances sportives remarquables, Katarina Witt a également contribué à populariser la patinage artistique.

Lors des Jeux olympiques d'hiver de 1988 à Calgary, Katarina Witt a vécu une anecdote insolite qui a marqué les esprits. Avant sa performance, elle s'est rendu compte qu'elle avait oublié son soutien-gorge dans les vestiaires. Paniquée à l'idée de patiner sans soutien-gorge, elle a rapidement improvisé une solution. Elle a demandé à un membre de son équipe de lui apporter du ruban adhésif. Avec ingéniosité, elle a utilisé le ruban pour créer une sorte de soutien-gorge de fortune, lui assurant un minimum de maintien. Malgré cette situation inhabituelle, Katarina Witt a réussi à garder son calme et à réaliser une performance incroyable, remportant finalement la médaille d'or.

Katarina Witt était non seulement une talentueuse patineuse artistique, mais aussi une fervente militante. Elle était connue pour son engagement envers les droits des femmes.

#32

GREG LOUGANIS, "LE MAÎTRE DU PLONGEON"

NÉ LE 29 JANVIER 1960 À EL CAJON, EN CALIFORNIE.

Greg Louganis a remporté un total de quatre médailles d'or olympiques et une médaille d'argent. Aux Jeux olympiques de 1984 à Los Angeles, il a remporté l'or dans les épreuves du tremplin 3 mètres et de la plate-forme 10 mètres. Il a ensuite défendu avec succès ses titres aux Jeux olympiques de 1988 à Séoul, en Corée du Sud.

LE MAÎTRE DU PLONGEON QUI A SURMONTÉ L'ADVERSITÉ

Ce qui le distingue le plus, Greg Louganis, c'est sa détermination à continuer à plonger même après avoir subi une blessure grave (blessure à la tête) lors des Jeux olympiques de 1988. Louganis a montré au monde entier sa résilience et sa volonté de se battre pour atteindre l'excellence, devenant ainsi un exemple inspirant pour les athlètes du monde entier.

Pendant les Jeux olympiques de 1988, Greg Louganis était déjà un plongeur légendaire et le favori pour remporter l'or dans l'épreuve de la plate-forme 10 mètres. Cependant, lors de la finale, Louganis a connu un incident choquant. Alors qu'il effectuait un plongeon complexe, il a perdu la concentration et a heurté la tête contre le plongeoir. La foule retenait son souffle tandis que Louganis sortait de l'eau, le visage en sang.

Ce qui est encore plus extraordinaire, c'est que Louganis s'est ressaisi, s'est fait recoudre en urgence et a terminé la compétition. Incroyablement, malgré la blessure et l'énorme pression, il a réussi à effectuer un plongeon presque parfait lors de sa dernière tentative, lui permettant de remporter la médaille d'or.

Greg Louganis a découvert qu'il était séropositif au VIH avant les Jeux olympiques de 1988.

#33

RAY EWRY, "LE ROI DES SAUTS"

NÉ LE 14 OCTOBRE 1873 À LAFAYETTE, INDIANA, AUX ÉTATS-UNIS.

Entre 1900 et 1908, Ray Ewry a remporté huit médailles d'or aux Jeux olympiques, toutes dans les épreuves de saut. Il a remporté trois médailles d'or en saut en hauteur, trois en saut en longueur et deux en triple saut. Ewry détenait également plusieurs records mondiaux dans ces disciplines.

JOUEUR HÉROÏQUE AU CHARISME ENTRAÎNANT

Ray Ewry est célèbre pour sa domination sans précédent dans les épreuves de saut aux Jeux olympiques. Sa maîtrise technique, sa puissance et sa précision lui ont valu le surnom de "Roi des sauts". Il est considéré comme l'un des plus grands athlètes de l'histoire olympique, ayant remporté huit médailles d'or consécutives et établi de nouveaux standards dans les sauts en hauteur, en longueur et en triple saut.

Lors des Jeux olympiques de 1908 à Londres, Ray Ewry était déjà un athlète reconnu. Cependant, il souffrait d'une arthrite sévère qui limitait sa mobilité. Pour contourner ce problème, il portait des chaussures spécialement conçues avec des semelles en acier qui lui donnaient une meilleure adhérence et lui permettaient de sauter avec plus d'aisance malgré sa condition. Cette astuce inhabituelle a non seulement aidé Ewry à remporter deux nouvelles médailles d'or, mais a également suscité l'admiration et l'étonnement du public et de ses concurrents.

Lors d'une compétition, Ray Ewry a accidentellement sauté si haut qu'il a atterri dans un arbre !

#34

MARIT BJØRGEN, "LA REINE DU SKI DE FOND"

NÉE LE 21 MARS 1980 À TRONDHEIM, EN NORVÈGE.

Marit Bjørgen a remporté un total de 15 médailles olympiques, dont 8 médailles d'or. Aux JO d'hiver de 2010 à Vancouver, elle a été la protagoniste incontestée, remportant cinq médailles, dont trois d'or. Bjørgen a continué à dominer les épreuves de ski de fond aux JO de 2014 à Sotchi et de 2018 à PyeongChang.

LA REINE DU SKI DE FOND ET DES JEUX OLYMPIQUES

Marit Bjørgen est célèbre pour sa domination sans précédent dans le domaine du ski de fond et sa performance exceptionnelle lors des Jeux olympiques. Sa capacité à exceller dans différentes distances et styles de courses, combinée à son incroyable endurance, a fait d'elle une icône du ski de fond. Bjørgen a marqué l'histoire en devenant la skieuse la plus médaillée de tous les temps aux Jeux olympiques.

En 2010 lors des JO d'hiver de Vancouver, durant la finale du 30 kilomètres de ski de fond classique, Bjørgen était en tête de la course et semblait se diriger vers une victoire incontestée. Cependant, à mi-chemin de la course, elle a commencé à ressentir une envie pressante d'uriner.

Au lieu de s'arrêter et de perdre du temps précieux, Bjørgen a pris une décision surprenante. Elle a tout simplement continué à skier tout en urinant. Elle a réussi à maintenir sa vitesse et sa concentration tout en accomplissant cet acte étonnant. Cette scène a laissé les spectateurs et les commentateurs perplexes et émerveillés par la capacité de Bjørgen à se surpasser et à garder son sang-froid même dans des situations inattendues.

Marit Bjørgen a remporté une médaille d'or aux Jeux olympiques de 2018, moins de deux ans après avoir donné naissance à son premier enfant.

#35

YUSRA MARDINI, "LA NAGEUSE HÉROÏQUE"

NÉE LE 5 MARS 1998 À DAMAS, EN SYRIE.

Yusra Mardini a représenté l'équipe des réfugiés aux JO d'été de 2016 à Rio de Janeiro. Mardini est devenue une symbole de l'espoir et de la résilience en surmontant les obstacles liés à la guerre et à la migration forcée. Bien qu'elle n'ait pas remporté de médaille aux Jeux olympiques, sa participation a été un témoignage de son talent.

LA NAGEUSE HÉROÏQUE QUI A BRAVÉ LA MER ET LES OBSTACLES

Yusra Mardini est célèbre pour son parcours inspirant et son rôle de porte-parole pour les réfugiés à travers le sport. En tant que jeune athlète syrienne, elle a risqué sa vie en traversant la mer Méditerranée dans un bateau de fortune pour échapper à la guerre en Syrie. Sa force et son courage lui ont permis de sauver des vies lorsque le bateau a commencé à prendre l'eau.

Une anecdote marquante de la vie de Yusra Mardini est liée à son voyage dangereux à travers la mer Méditerranée pour atteindre l'Europe. Alors qu'elle fuyait la guerre en Syrie avec sa sœur aînée, Mardini et les autres passagers du bateau ont été confrontés à une situation désespérée lorsque le moteur du bateau a cessé de fonctionner en pleine mer. Face à cette situation critique, Mardini a montré son courage et sa force. Malgré sa jeunesse, elle a plongé dans l'eau glaciale et a commencé à tirer le bateau en nageant pendant plus de trois heures, aidant ainsi à le diriger vers la cote. Ses efforts ont été essentiels pour sauver la vie des personnes à bord, évitant une possible tragédie en haute mer.

Yusra Mardini a appris à nager dans une piscine construite dans une cave pendant la guerre en Syrie.

#36

HICHAM EL GUERROUJ, "LE ROI DU MILE"

NÉ LE 14 SEPTEMBRE 1974 À BERKANE, AU MAROC.

Hicham El Guerrouj a remporté deux médailles d'or olympiques et détient plusieurs records du monde. El Guerrouj a dominé les épreuves du 1500 mètres et du Mile, établissant des temps incroyablement rapides et établissant de nouveaux standards pour ces distances.

LE ROI DU MILE QUI A REDÉFINI LES LIMITES DE LA VITESSE

Son style de course élégant et sa rapidité incroyable lui ont valu le surnom de "Le Roi du Mile". El Guerrouj était capable de changer de vitesse avec une aisance déconcertante, laissant souvent ses concurrents sans réponse. Sa détermination et son mental fort lui ont permis de réaliser des performances exceptionnelles et de briser plusieurs records du monde.

Lors d'un entraînement de Hicham El Guerrouj, un drôle d'incident s'est produit. Alors qu'il courait sur la piste, un chien s'est échappé et a commencé à le poursuivre en aboyant joyeusement. Au lieu de paniquer ou de ralentir, El Guerrouj a décidé de transformer cette situation inattendue en une séance d'entraînement insolite. Il a accéléré et a commencé à courir à pleine vitesse, avec le chien toujours à ses trousses. Les autres coureurs présents sur la piste ont été étonnés de voir cette scène comique se dérouler devant leurs yeux. Finalement, El Guerrouj a réussi à semer le chien en augmentant encore plus sa vitesse.

Lors d'une course, Hicham El Guerrouj a perdu une de ses chaussures, mais a continué à courir et a quand même remporté la victoire.

#37

SAORI YOSHIDA, "LA REINE DE LA LUTTE"

NÉE LE 5 OCTOBRE 1982 À TSU, AU JAPON.

Saori Yoshida est une légende vivante de la lutte féminine. Au cours de sa carrière exceptionnelle, elle a remporté un total de 13 médailles olympiques, dont 3 médailles d'or. Yoshida a dominé la catégorie des moins de 55 kg et a été la figure emblématique de la lutte féminine japonaise pendant plus d'une décennie.

LA REINE DE LA LUTTE QUI A CONQUIS LES JEUX OLYMPIQUES

Saori Yoshida est célèbre pour sa domination sans précédent dans la lutte féminine et sa longévité exceptionnelle au plus haut niveau de la compétition.
Ce qui fait sa spécificité, c'est son style de lutte fluide et sa capacité à anticiper les mouvements de ses adversaires. Elle est réputée pour son timing impeccable et ses prises techniques parfaitement exécutées, ce qui lui a valu le surnom de "La Reine de la lutte".

Lors de la finale, des Jeux de Pékin en 2008, qui était extrêmement tendue et équilibrée. Les deux lutteuses se sont livré un combat acharné, cherchant à prendre l'avantage à chaque instant. Alors que le temps s'écoulait, Yoshida s'est trouvée en position désavantageuse, en dessous de Mattsson et risquant de perdre la médaille d'or.
C'est alors qu'un incident inattendu s'est produit. Au moment crucial, Yoshida a réussi à mordre la main de Mattsson. Bien que cela puisse sembler contre-intuitif et non conventionnel, cet acte désespéré a permis à Yoshida de libérer sa prise et de prendre le dessus sur son adversaire. Elle a réussi à renverser la situation et à remporter la victoire, ajoutant une autre médaille d'or à son palmarès.

Dans sa jeunesse, Saori Yoshida a remporté une compétition de lutte contre des garçons, démontrant son talent exceptionnels.

#38

SIMONE MANUEL, "SWIM QUEEN"

NÉE LE 2 AOÛT 1996 À SUGAR LAND, AU TEXAS, AUX ÉTATS-UNIS.

Simone Manuel a remporté un total de 4 médailles olympiques, dont 2 médailles d'or aux Jeux olympiques d'été de 2016 à Rio de Janeiro. Manuel a brillé dans l'épreuve du 100 mètres nage libre, devenant la première femme afro-américaine à remporter une médaille d'or olympique individuelle en natation.

LA REINE DES BASSINS QUI A BRISÉ LES BARRIÈRES RACIALES

Simone Manuel est célèbre pour sa domination dans la natation et son rôle pionnier en tant que femme afro-américaine dans un sport historiquement dominé par des athlètes de couleur blanche. En devenant la première femme afro-américaine à remporter une médaille d'or olympique individuelle en natation, Manuel a ouvert la voie à une plus grande diversité et représentation dans le sport.

Lors des Jeux olympiques de 2016 à Rio de Janeiro, Simone Manuel a réalisé une performance extraordinaire qui restera gravée dans les mémoires. Elle a participé à l'épreuve du 100 mètres nage libre et s'est qualifiée pour la finale.

La finale était d'une intensité incroyable, avec une concurrence féroce entre les nageuses. Manuel a réalisé une course exceptionnelle, se battant pour chaque centimètre dans l'eau. À l'approche de la ligne d'arrivée, une situation incroyable s'est produite : Simone Manuel a touché le mur exactement en même temps que Penny Oleksiak du Canada.

Ce moment a été historique. Manuel et Oleksiak ont toutes deux terminé la course avec le même temps de 52,70 secondes, ce qui les a propulsées toutes les deux vers une médaille d'or. Il s'agissait d'un scénario rare dans la natation, où deux athlètes se partagent la plus haute marche du podium.

Simone Manuel a appris à nager à l'âge de 4 ans après avoir été poussée dans la piscine par accident.

#39

HAILE GEBRSELASSIE, "LE GRAND HAILE"

NÉ LE 18 AVRIL 1973 À ASELLA, EN ÉTHIOPIE.

Haile Gebrselassie est considéré comme l'un des plus grands coureurs de fond de tous les temps. Au cours de sa carrière, il a remporté deux médailles d'or olympiques, ainsi que plusieurs titres mondiaux et records du monde. Gebrselassie s'est spécialisé dans les épreuves de fond, en particulier le 10 000 mètres.

LE GÉANT DE LA DISTANCE QUI A REPOUSSÉ LES LIMITES DU FOND

Haile Gebrselassie est célèbre pour sa domination inégalée dans les épreuves de fond.
Ce qui fait sa spécificité, c'est sa capacité à maintenir des rythmes de course rapides sur des distances longues, repoussant les limites de l'endurance humaine. Ses records du monde dans le 10 000 mètres et le marathon sont le reflet de sa persévérance et de sa détermination à atteindre l'excellence.

Lors de la Berlin Marathon en 2008, Haile Gebrselassie a connu une situation aussi hilarante qu'inattendue. Alors qu'il était en pleine course, il a été pris d'une envie pressante d'uriner. Plutôt que de s'arrêter et de perdre du temps, Gebrselassie a pris une décision inusuelle et audacieuse : il a continué à courir tout en urinant.
Les spectateurs et les autres coureurs ont été stupéfaits de voir Gebrselassie accomplir cet acte apparemment impossible. Malgré l'inconfort et la difficulté de la situation, il a réussi à garder son rythme et à maintenir sa position de leader dans la course.

Haile Gebrselassie a couru pieds nus lorsqu'il était enfant, car il ne pouvait pas se permettre des chaussures de course.

#40

SERGEY BUBKA, "LE TSAR DE LA PERCHE"

NÉ LE 4 DÉCEMBRE 1963 À VOROSHILOVGRAD, EN UNION SOVIÉTIQUE

Sergey Bubka est l'un des plus grands perchistes de l'histoire de l'athlétisme. Au cours de sa carrière, il a remporté 6 titres de champion du monde et a établi 35 records du monde en saut à la perche. Bubka a dominé cette discipline pendant plus d'une décennie, atteignant des hauteurs incroyables.

SERGEY BUBKA ET LA CONQUÊTE DES CIEUX DE L'ATHLÉTISME

Sergey Bubka est célèbre pour avoir redéfini les standards de la perche. Il a fait de chaque saut à la perche une occasion de repousser les limites de la hauteur, fascinant les spectateurs du monde entier.

Son style de saut fluide et puissant, combiné à une technique parfaite, lui a permis d'établir des records du monde à une fréquence incroyable. Chaque fois qu'il entrait en compétition, c'était une attente excitante pour savoir jusqu'où il allait s'élever.

Lors d'un concours en plein air à Rome en 1994, Sergey Bubka a vécu un moment surréaliste qui a captivé le public et les fans du saut à la perche. Alors qu'il tentait un nouveau record du monde, Bubka a réussi un saut incroyable et est passé au-dessus de la barre avec une facilité déconcertante.

Cependant, au moment de retomber sur le matelas de réception, ses pieds ont heurté la barre et l'ont fait tomber.

Ce qui aurait pu être une déception s'est transformé en une scène étonnante. Au lieu de s'en tenir à sa tentative manquée, Bubka s'est agrippé à la barre à mesure qu'il tombait, la tenant fermement de ses mains. Il a alors utilisé la barre pour se propulser vers le haut et a réussi un deuxième saut par-dessus la barre, cette fois-ci sans l'effleurer.

Sergey Bubka a réussi à briser 45 perches lors d'un seul entraînement, ce qui est un record étonnant.

#41

TONYA HARDING

NÉE LE 12 NOVEMBRE 1970 À PORTLAND, OREGON, AUX ÉTATS-UNIS.

Tonya Harding est une ancienne patineuse artistique américaine qui s'est distinguée dans les années 1990. Elle a remporté plusieurs médailles dans des compétitions nationales et internationales, notamment le titre de championne des États-Unis en 1991 et 1994.

DE LA GLOIRE À LA CONTROVERSE SUR LA GLACE

Tonya Harding est célèbre pour son implication dans l'attaque de Nancy Kerrigan, qui a fait les gros titres du monde entier. Cette affaire a attiré l'attention sur les rivalités féroces et les controverses dans le monde de la patinage artistique.

L'histoire de Tonya Harding est unique en ce sens qu'elle combine des réalisations sportives avec un scandale majeur.

L'affaire la plus célèbre liée à Tonya Harding remonte à janvier 1994, lors des championnats nationaux de patinage artistique américains. Juste avant le programme libre, sa rivale, Nancy Kerrigan, a été attaquée par un homme qui lui a asséné un coup de matraque sur le genou dans le but de la blesser et de l'empêcher de concourir. Cette agression a provoqué un choc dans le monde du patinage artistique.

L'enquête qui a suivi a révélé que l'ex-mari de Tonya Harding, Jeff Gillooly, et son garde du corps, Shawn Eckardt, avaient planifié l'attaque. Bien qu'il n'ait pas été prouvé que Harding était directement impliquée dans le complot, des preuves ont suggéré qu'elle en avait eu connaissance. Cela a conduit à une suspension à vie de la Fédération américaine de patinage et à la perte de sa médaille d'argent aux championnats du monde.

Tonya Harding a été boxeuse professionnelle après avoir quitté le monde du patinage artistique.

#42

DARA TORRES

NÉE LE 15 AVRIL 1967 À BEVERLY HILLS, CALIFORNIE, AUX ÉTATS-UNIS.

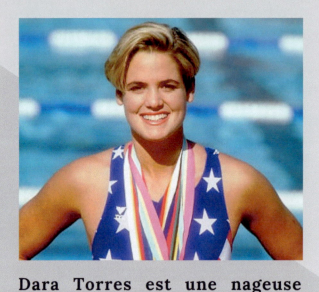

Dara Torres est une nageuse américaine qui a connu une carrière exceptionnelle dans la natation. Elle a remporté 12 médailles olympiques au total, dont 4 médailles d'or, 4 médailles d'argent et 4 médailles de bronze. Elle a participé à cinq Jeux olympiques différents, ce qui en fait l'une des nageuses les plus décorées de l'histoire.

L'ICÔNE DE LA NATATION QUI A REPOUSSÉ LES LIMITES DU TEMPS

Torres est également connue pour avoir réussi à maintenir un haut niveau de performance même à un âge avancé. Elle a participé aux Jeux olympiques à l'âge de 41 ans et est devenue la première nageuse américaine à concourir à cinq Jeux olympiques.

La spécificité de Dara Torres réside dans sa longévité dans le sport et sa capacité à rivaliser avec les nageuses plus jeunes.

L'une des anecdotes les plus intéressantes sur Dara Torres remonte aux Jeux olympiques de Sydney en 2000. À l'époque, Torres était déjà une nageuse accomplie et avait remporté plusieurs médailles olympiques. Cependant, elle avait pris sa retraite après les Jeux de 1992 et avait donné naissance à une fille en 2006.

Mais son amour pour la natation l'a poussée à revenir dans le sport. À l'âge de 33 ans, elle a décidé de se préparer pour les Jeux olympiques de Sydney. Cependant, elle a dû surmonter de nombreux obstacles, notamment une blessure au genou et le doute des autres quant à sa capacité à rivaliser à un niveau aussi élevé.

Malgré ces défis, Torres a fait preuve d'une détermination incroyable et a réussi à se qualifier pour l'équipe olympique américaine. À Sydney, elle a remporté trois médailles, dont deux médailles d'argent et une médaille de bronze.

Lors d'une compétition, Dara Torres a oublié son maillot de bain et a dû emprunter un maillot à une autre nageuse.

#43

KIM YUNA, "QUEEN YUNA"

NÉE LE 5 SEPTEMBRE 1990 À BUCHEON, EN CORÉE DU SUD.

Kim Yuna est une patineuse artistique sud-coréenne qui a marqué l'histoire de ce sport. Elle a remporté de nombreux titres et médailles tout au long de sa carrière. Parmi ses plus grandes réussites, on compte une médaille d'or olympique, deux titres de championne du monde et trois titres de championne des Quatre Continents.

LA REINE DU PATINAGE ARTISTIQUE QUI ENCHANTE LES FOULES

Kim Yuna a été reconnue pour sa grâce, sa fluidité et sa capacité à captiver le public avec ses programmes époustouflants.

Cet athlète est célèbre pour son excellence sur la glace et son influence considérable dans le monde du patinage artistique. Sa spécificité réside dans sa combinaison parfaite de puissance, d'élégance et d'expressivité, qui lui a valu le surnom de "Queen Yuna". Son parcours illustre son incroyable dévouement et sa passion pour le patinage artistique.

Lors de la compétition féminine de patinage artistique, Kim Yuna était la favorite pour remporter la médaille d'or.
Lors de son programme libre, Kim Yuna a livré une performance exceptionnelle. Elle a enchaîné des sauts magnifiques, des pirouettes impeccables et des mouvements expressifs, captivant le public et les juges. À la fin de sa prestation, la foule s'est levée pour lui offrir une ovation debout, reconnaissant l'excellence de sa performance.
Cependant, une controverse s'est ensuivie lorsque les résultats des juges ont été annoncés. Bien que la performance de Kim Yuna ait été acclamée par tous, la patineuse russe Evgeni Plushenko a remporté la médaille d'or chez les hommes avec un programme moins complexe. Certains ont remis en question l'impartialité des juges et ont critiqué le système de notation.

Kim Yuna a fait une apparition spéciale dans un épisode du célèbre dessin animé sud-coréen "Pororo the Little Penguin".

#44

USCHI DISL

NÉE LE 15 NOVEMBRE 1970 À BAD TÖLZ, EN ALLEMAGNE.

Uschi Disl est une ancienne biathlète allemande qui a connu une carrière exceptionnelle dans ce sport. Elle a remporté un total de 19 médailles aux Jeux olympiques et aux championnats du monde, dont 9 médailles d'or, 6 médailles d'argent et 4 médailles de bronze. Elle a également remporté à trois reprises le classement général de la Coupe du monde de biathlon.

LA REINE DU BIATHLON QUI A DOMPTÉ LES CIBLES ET LES PISTES

Disl est célèbre pour sa polyvalence en tant qu'athlète, excellant dans toutes les disciplines du biathlon : sprint, poursuite, individuel et relais. Elle était connue pour sa précision au tir et sa vitesse sur les skis, ce qui lui a permis de rivaliser avec les meilleures biathlètes du monde.

Uschi Disl a participé à cinq Jeux olympiques consécutifs, de 1994 à 2010, et a remporté des médailles lors de chacune de ces éditions.

L'une des anecdotes les plus marquantes de la carrière d'Uschi Disl remonte aux Jeux olympiques d'hiver de 2006 à Turin. Lors de l'épreuve de relais féminin, l'équipe allemande, composée de Uschi Disl, Kati Wilhelm, Martina Glagow et Andrea Henkel, était en compétition pour la médaille d'or.

Lors du dernier relais, Uschi Disl, en dernière position, avait une avance confortable sur les autres équipes. Cependant, à sa grande surprise, son fusil de biathlon s'est soudainement cassé lorsqu'elle a essayé de tirer. Avec détermination, Disl a utilisé sa créativité pour trouver une solution rapidement.

Elle a réussi à réparer son fusil avec des bâtons de ski et une bande adhésive, improvisant une solution ingénieuse sur le terrain. Malgré le temps perdu et la pression intense, elle a réussi à terminer son tir et à continuer la course. Grâce à sa ténacité et à son talent, l'équipe allemande a conservé son avance et a remporté la médaille d'or, créant ainsi une scène mémorable dans l'histoire du biathlon.

Uschi Disl avait pour habitude de porter un porte-bonheur en forme de grenouille pendant les compétitions.

#45

LARISSA LATYNINA

2011, DRAFTÉ EN 15ÈME POSITION PAR LES PACERS DE L'INDIANA

Larissa Latynina est une ancienne gymnaste soviétique, considérée comme l'une des plus grandes gymnastes de tous les temps. Elle a participé à trois Jeux olympiques consécutifs, de 1956 à 1964, et a remporté un total de 18 médailles olympiques, dont 9 médailles d'or, 5 médailles d'argent et 4 médailles de bronze.

L'ÉTOILE ÉTINCELANTE DE LA GYMNASTIQUE QUI A REDÉFINI LA PERFECTION

Larissa Latynina est célèbre pour son influence durable sur la gymnastique et pour avoir établi de nombreux records qui ont perduré pendant des décennies. Sa spécificité réside dans son style de gymnastique unique, alliant élégance, force et virtuosité. Elle était connue pour sa grâce, sa puissance et sa précision technique, repoussant constamment les limites de la gymnastique féminine de l'époque.

Une anecdote fascinante sur Larissa Latynina remonte aux Jeux olympiques de Tokyo en 1964. À l'époque, elle était déjà une gymnaste légendaire, ayant remporté de nombreuses médailles olympiques et étant considérée comme l'une des favorites pour les Jeux de Tokyo.

Cependant, Latynina a dû faire face à un défi inattendu lors des qualifications pour les finales par équipe. Elle a subi une blessure à la cheville pendant son passage à la poutre. Malgré la douleur et l'incertitude, elle a réussi à terminer sa routine et a obtenu une note respectable.

Cependant, l'équipe médicale a recommandé à Latynina de se retirer des compétitions individuelles pour se reposer et guérir sa blessure. Cependant, en véritable championne, elle a insisté pour participer aux finales individuelles malgré sa blessure.

Larissa Latynina a reçu le surnom affectueux de "Maman" de la part de ses coéquipières en raison de sa bienveillance et de son soutien.

#46

EDWIN MOSES

NÉ LE 31 AOÛT 1955 À DAYTON, DANS L'OHIO, AUX ÉTATS-UNIS.

Edwin Moses a dominé pendant plus d'une décennie, remportant de nombreux titres et établissant plusieurs records mondiaux. Il a notamment remporté deux médailles d'or olympiques, en 1976 à Montréal et en 1984 à Los Angeles, ainsi que deux titres de champion du monde.

LA LÉGENDE DES HAIES QUI A DÉFENDU SON RÈGNE AVEC UNE PERFECTION INÉBRANLABLE

Sa spécificité réside dans sa domination incontestée et sa technique presque parfaite dans les courses de 400 mètres haies. Moses était connu pour sa capacité à alterner entre des foulées puissantes et un rythme régulier tout en franchissant les haies avec une grande précision. Son style de course unique lui a permis de battre de nombreux records et de rester invaincu pendant 122 courses consécutives, une série inégalée dans l'histoire de l'athlétisme.

Une anecdote intéressante sur Edwin Moses remonte aux Jeux olympiques de 1976 à Montréal. Moses, âgé de seulement 20 ans à l'époque, était un outsider parmi les favoris pour remporter la médaille d'or dans l'épreuve du 400 mètres haies.

Lors de la finale, Moses a impressionné le public et ses concurrents en prenant rapidement la tête de la course. Cependant, à la dixième haie, il a heurté violemment la barrière, ce qui aurait pu provoquer sa chute et mettre fin à ses chances de médaille.

De manière spectaculaire, Moses a réussi à garder son équilibre et à continuer la course sans ralentir. Il a franchi la ligne d'arrivée en première position, remportant la médaille d'or avec un temps remarquable malgré l'incident.

Edwin Moses était réputé pour son habitude de nouer ses lacets de chaussures avec un double nœud avant chaque course.

#47

EMILIE ANDÉOL

NÉE LE 30 DÉCEMBRE 1987 À REIMS, EN FRANCE.

Emilie Andéol est surtout connue pour avoir remporté la médaille d'or aux Jeux olympiques de Rio en 2016 dans la catégorie des plus de 78 kg. Cet exploit a marqué l'histoire du judo français puisqu'Emilie Andéol est devenue la première Française à décrocher l'or olympique dans cette catégorie de poids.

LA FORCE TRANQUILLE QUI A CONQUIS L'OLYMPE DU JUDO

Andéol a également remporté d'autres médailles lors de compétitions internationales, notamment des médailles de bronze aux Championnats du monde en 2014 et aux Championnats d'Europe en 2013. Emilie Andéol est célèbre pour son parcours inspirant et pour avoir brisé les barrières en devenant championne olympique dans une catégorie de poids traditionnellement dominée par d'autres nations.

Une anecdote intéressante sur Emilie Andéol remonte à son parcours aux Jeux olympiques de Rio en 2016. Avant ces Jeux, Andéol n'était pas considérée comme la favorite pour remporter la médaille d'or dans la catégorie des plus de 78 kg.
Cependant, elle a surpris le monde du judo en atteignant la finale après avoir battu des adversaires de renom. Lors de la finale, elle a été opposée à une adversaire russe, connue pour sa technique et sa puissance.
Le combat a été féroce, et Andéol a dû puiser dans ses ressources pour rester compétitive. Alors que le temps s'écoulait et que les deux judokates étaient épuisées, Andéol a réussi à projeter son adversaire au sol, marquant un ippon parfait et remportant ainsi la médaille d'or olympique.

Lorsqu'elle était enfant, Emilie Andéol avait l'habitude de faire des démonstrations de judo à ses peluches et les "battait" avec des mouvements impeccables, ce qui lui a valu le surnom de "Judo Teddy".

#48

RAPHAËL POIRÉE

NÉ LE 9 AOÛT 1974 À RIVES, EN FRANCE.

Raphaël Poirée a remporté sept titres de champion du monde, remportés entre 2000 et 2007, ainsi que deux médailles d'argent olympiques. Il a également décroché à 44 reprises des podiums en Coupe du monde, dont 20 victoires. Sa régularité et sa constance dans les performances lui ont permis de se démarquer sur la scène internationale du biathlon.

LE ROI DU BIATHLON QUI A CONQUIS LES CIMES EN SKI ET AU TIR

Raphaël Poirée est célèbre pour sa carrière exceptionnelle dans le biathlon, son palmarès impressionnant et sa détermination sans faille. Sa spécificité réside dans sa capacité à allier habilement le ski de fond et le tir, deux disciplines essentielles du biathlon. Avec sept titres de champion du monde et deux médailles olympiques, il s'est imposé comme l'un des biathlètes les plus talentueux et décorés de tous les temps.

Une anecdote intéressante sur Raphaël Poirée remonte à la Coupe du monde de biathlon en 2003 à Pokljuka, en Slovénie. Lors de la poursuite, Poirée était en tête et s'apprêtait à remporter la course, mais il réalisa qu'il avait manqué une cible au tir. Il se lança alors dans une poursuite folle pour parcourir la distance supplémentaire imposée par la pénalité et rejoindre la ligne d'arrivée. Sous les encouragements du public et porté par son désir de ne pas abandonner malgré cette erreur, Poirée fit preuve d'une incroyable résistance physique et mentale. Il réussit à rattraper les concurrents qui étaient devant lui et franchit finalement la ligne d'arrivée en première position, sous les acclamations de la foule et l'admiration de ses adversaires.

Raphaël Poirée était surnommé "Le Sniper" en raison de sa précision exceptionnelle lors des séances de tir en biathlon.

#49

PERNILLA WIBERG

NÉE LE 15 OCTOBRE 1970 À NORRKÖPING, EN SUÈDE.

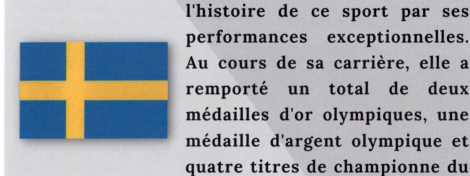

Pernilla Wiberg est une skieuse alpine suédoise qui a marqué l'histoire de ce sport par ses performances exceptionnelles. Au cours de sa carrière, elle a remporté un total de deux médailles d'or olympiques, une médaille d'argent olympique et quatre titres de championne du monde.

LA REINE SUÉDOISE DES PISTES QUI A ENFLAMMÉ LE SKI ALPIN

Elle s'est illustrée dans différentes disciplines du ski alpin, notamment en descente, en super-G et en slalom géant. Sa polyvalence et sa maîtrise de différentes disciplines ont fait d'elle une athlète complète et redoutable.
Pernilla Wiberg est célèbre pour sa détermination, son style fluide et son engagement sur les pistes.

Une anecdote fascinante sur Pernilla Wiberg remonte aux Jeux olympiques d'hiver de 1998 à Nagano, au Japon. Lors de la descente féminine, Wiberg, connue pour sa vitesse et son agilité, se préparait à prendre le départ. Soudain, une étrange coïncidence se produisit : une pluie de grêle commença à tomber juste au moment où elle s'élançait sur la piste.
Malgré cette condition météorologique inhabituelle, Wiberg ne se laissa pas distraire et dévala la pente avec une incroyable maîtrise. Elle réussit à adapter sa technique de ski et à prendre des trajectoires précises malgré la glace qui se formait sur la neige. Son style fluide et sa détermination lui permirent de réaliser une performance remarquable, la conduisant à décrocher la médaille d'or tant convoitée.

Pernilla Wiberg avait pour habitude de porter des chaussettes dépareillées lors des compétitions pour se démarquer.

#50

CHEN YIBING

NÉ LE 27 NOVEMBRE 1984 À HUANGSHI, EN CHINE.

Chen Yibing est devenu champion olympique des anneaux aux Jeux Olympiques de 2008 à Pékin, où il a également remporté la médaille d'argent par équipe. Chen Yibing a également été champion du monde des anneaux à trois reprises, en 2006, 2007 et 2010.

LE SEIGNEUR DES ANNEAUX DE LA GYMNASTIQUE

Chen Yibing est célèbre pour être le "Seigneur des Anneaux" de la gymnastique masculine. Sa maîtrise exceptionnelle de cet agrès, combinée à sa puissance, son élégance et sa précision, lui ont valu une reconnaissance mondiale. Son titre accrocheur met en avant son statut emblématique et son impact sur la discipline des anneaux.

Sa maîtrise de cet agrès spécifique et son style impeccable ont fait de lui l'une des figures emblématiques de la gymnastique artistique masculine.

Une anecdote fascinante sur Chen Yibing remonte aux Jeux Olympiques de 2008 à Pékin. Lors de la finale des anneaux, Chen Yibing, déjà connu pour sa force et sa précision, a réalisé une performance spectaculaire. Alors qu'il effectuait une série d'éléments de grande difficulté, l'un des bracelets en bois de son agrès s'est soudainement cassé en plein vol. Malgré cet incident inattendu, Chen Yibing a su garder son sang-froid et a continué sa routine avec une maîtrise parfaite, impressionnant les juges et le public. Sa détermination et sa capacité à surmonter les obstacles ont été saluées par une ovation debout.

Chen Yibing a été surnommé "L'Homme de Fer" en raison de sa force et de sa robustesse impressionnantes.

Nous voici arrivés au terme de ce voyage extraordinaire à travers les 50 légendes des Jeux Olympiques et leur histoire. En refermant ce livre, nous espérons vous avoir transporté dans l'univers captivant de l'Olympisme et vous avoir fait revivre les moments inoubliables, les performances extraordinaires et les histoires inspirantes de ces athlètes exceptionnels.

Au fil de ces pages, vous avez découvert des héros qui ont transcendé les limites de l'humain, qui ont incarné l'esprit du sport et qui ont fait vibrer les cœurs des millions de spectateurs à travers le monde. Leurs exploits ont laissé une empreinte indélébile dans l'histoire olympique, nous rappelant que la détermination, la persévérance et la passion peuvent mener à des sommets insoupçonnés.

Nous tenons à remercier chaque athlète, chaque équipe et chaque personne impliquée dans l'organisation des Jeux Olympiques qui ont rendu ces histoires possibles. Leur passion, leur dévouement et leur engagement sont le moteur de ces moments inoubliables.

Chers lecteurs, que l'esprit olympique vous accompagne tout au long de votre propre aventure.

Printed in France by Amazon
Brétigny-sur-Orge, FR